동화로 풀어낸
심리상담

# 동화로 풀어낸
# 심리상담

박재우 지음

학지사

# 서문

이 책은 〈미녀와 야수〉 이야기를 은유적으로 활용하여, 정신역동상담 과정에서 일어나는 현상을 설명하는 기본적인 개념을 알기 쉽게 이해할 수 있도록 구성했습니다. 아울러 이와 대비하여 인지행동 치료적 개념도 이해할 수 있도록 노력했습니다. 이 책을 통해 도움이 되기를 원하는 그룹은 모두 세 그룹인데, 첫 번째는 정신역동적인 상담이나 인지행동적인 상담을 받을 계획에 있거나 받고 있는 내담자 그룹입니다. 정신역동적으로 혹은 인지행동적으로 상담을 받고 있는 내담자가 자신의 상담 중에 일어나는 일을 잘 이해하고 반응하여, 과정에 대한 몰이해로 인하여 성과가 있는 상담을 중도에 포기하는 일이 조금이라도 줄어들었으면 하는 마음으로 썼습니다. 두 번째는 바로 정신역동상담이나 인지행동상담을 이제 처음 배우려고 하는 상담학 또는 심리학 관련 학부생과 대학원생 그룹입니다. 기본적인 개념들을 생생하게 이해할 수 있게 되기를 바라는 마음입니다. 세 번째는 자신의 양육 방식에 문제가 있음을 알고 자녀와의 관계를 회복하는 대화를 시작하고자 하는 부모-자녀의 그룹입니다. 여러 가지로 미흡하지만, 이 동화를 통해 부모의 잘못된 양육 방식이 자녀에게 잘못된 생각을 심어 주어 고통을 줄 수 있다는 것을 알리고자 했습니다. 「상담이 뭐예요?」를 읽고 부모-자녀 관계 회복을 위한 기초적인 대화를 시작할 수 있는 활동지를 통해 회복을 위한 대화가 활성화되기를 바라는 마음입니다.

저는 인지행동치료 전문가 자격을 갖추고 있는 임상심리전문가입니다. 자격을 얻기 위해 정신역동적인 지향을 가진 훌륭한 슈퍼바이저와 치료사 밑에서 지도 감독과 교육 분석을 받았지만, 엄밀히 말하면 저는 정신분석가는 아닙니다. 하지만 몇 가지 이유로 내담자를 이해함에 있어서 역동적인 프레임을 사용하고 있습니다. 정신역동상담에서는 내담자의 핵심 역동 혹은 핵심 감정을 논하고, 인지행동상담에서는 내담자의 핵심 신념 혹은 핵심 믿음을 논합니다. 하지만 이 핵심 신념을 파악하는 데에 수직 화살표 기법과 같은 것보다 내담자가 경험한 어린 시절의 양상을 파악하는 것이 더 효율적이고 정확하다고 생각되었기 때문입니다. 이처럼 절충적인 접근을 취하는 어떤 상담 교육가가 역동이론을 설명하는 책을 썼다는 점을, 이 분야에 헌신하여 한 가지 이론에 일생을 바치신 전문가 분들이 너그러이 양해해 주셨으면 하는 마음입니다.

이 책을 쓰게 된 데에는 세 가지 이유가 있습니다. 이 글에 앞서 언급한 세 그룹의 대상과도 깊은 관련이 있습니다.

첫 번째는 평소 아끼는 학생들에게 교육 분석을 받을 것을 권하는 경우가 있는데, 그 중 분석 시 일어나는 과정을 이상한 현상이라고 지각하여 도중에 분석을 그만두려는 것을 종종 목격했기 때문입니다. 교육 분석이 일상적인 대화와 달리 힘든 주제에 대하여 얘기하게 되고, 그 가운데에서 전이와 직면 등 힘든 경험을

하게 되는 것은 당연한 과정인 데에도 불구하고 학생들은 흔히 "상담 선생님에게 야단을 맞았다."는 얘기를 많이 하곤 합니다. 좀 더 심하게 말하면 '돈 주고 야단 맞았다.'는 식입니다. 이런 생각으로 인해 학생들이 불필요한 부담을 갖고 어려움을 겪는 것은 아닌가 하는 생각이 들어 이들을 돕고 싶었습니다. 어떤 과정은 정상적인 것이고, 어떤 과정은 부당한 것인가를 알려 주고 싶었습니다. 그래서 험난하지만 상담가가 되는 과정에 꼭 필요한 그 길을 잘 마쳤다는 경험을 주고 싶었습니다. 사실 상담가의 자질 부족이나 상담가와의 역동이 잘 맞지 않는 문제 등으로 어려움을 겪는 내담자들도 있겠으나, 그런 일보다는 당연한 어려움을 불필요한 과정으로 오해하면서 조기 종결되는 것을 막는 것에 초점을 두었습니다.

두 번째는 정신역동상담 수업을 듣는 학생들이 개념을 쉽게 이해할 수 있도록 돕고 싶었기 때문입니다. 예를 들어 '전이 잔여물'이라는 개념을 이해시킬 때 글로 풀어서 설명을 하는 것에 비해 우리가 잘 알고 있는 이야기를 예로 들며 빗대어 설명할 때에 훨씬 더 그 의미가 분명하게 전달되는 것을 알 수 있었습니다.

세 번째는 부모 교육을 하면서 수없이 많은 선의의 부모들이 자녀 교육에 어려움을 겪으며 다른 대안적인 방법을 찾지 못하고, 자녀와 대화의 물꼬를 트는 방법을 잘 모른다는 이유만으로 힘들어하는 것을 여러 차례 봤기 때문입니다. 이 책을 통해 작은 회복의 실마리가 생기고 부모의 작은 행동이 자녀의 삶에 미칠 수 있는 큰 영향력을 알게 되기를 바랍니다.

   자, 그럼 동화 속에 숨어 있는 정신역동상담에 관련된 개념들을 살펴보며 〈미녀와 야수〉 이야기를 다시 음미해 보겠습니다.

2016년 11월
박재우

# 차
# 례

동화

상담이 뭐예요?

내 꿈이
뭔지 모르겠어.

진형이는 얼마 전 중학교 1학년이 되었습니다. 중학생이 되니 공부도, 해결해야 할 일도 더 많아진 것 같아서 여러 가지로 걱정이 많습니다. 이런 까닭에 진로에 대한 고민을 친구들에게 털어놓기도 했습니다.

어느 날 종례 시간에 담임 선생님께서 과제를 내주셨습니다.

"미래의 직업 탐색 첫 단계 숙제예요. 오늘은 집에 가서 아빠의 직업에 대해서 알아보고 오세요."

진형이는 오랫동안 알쏭달쏭했던 아빠가 하시는 일에 대해서도 알게 되고, 오랜만에 아빠와도 좋은 시간을 가질 수 있게 될 것 같은 마음에 신이 났습니다.

아빠가 본인을 가르키시며 '선생님'이라고 그랬다가, '마음을 치유해 주는 사람'이라고도 했다가, 아닌 것을 뻔히 아는데 '과학자'라고도 우겼던 기억이 났습니다.

진형이는 '아빠가 선생님인지, 의사인지, 과학자인지 오늘은 분명히 알아내야지.' 하고 다짐하며 집으로 향하였습니다.

집에 돌아온 진형이는 동생인 진서와 함께 간식을 먹다가 문득 다시 떠오른 궁금증을 이기지 못하고 엄마에게 달려갔습니다.

"엄마, 아빠는 어떤 일을 하는 분이세요?"

엄마는 씽긋 웃으며 대답하셨습니다.

"아빠는 교수님이셔."

진형이는 더 알쏭달쏭해졌습니다.

'선생님, 마음을 치유해 주는 사람, 과학자, 이 세 가지도 모자라 하나가 더 늘었네……'

진형이가 다시 엄마께 물었습니다.

"교수님은 선생님하고 비슷한 직업이지요?"

"맞아, 대학교 이상의 형, 누나들을 가르치는 사람들을 교수님이라고 해."

엄마가 대답하셨습니다.

"그런데 왜 아빠는 자기가 의사랬다, 과학자랬다 그래요?"

"그랬니? 엄마는 아빠가 자신을 의사라고 하는 건 못 들었는데?"

하며 엄마가 되물었습니다.

"마음을 치유하는 사람이라고 하시던데요? 치료하는 거하고 비슷하니까 의사 아닌가요?"

"음……. 엄마 생각에는 진형이가 아빠에게 직접 물어 보는 게 좋을 것 같은데?"

"알았어요, 엄마." 하고 진형이가 대답했습니다.

"엄마, 형아랑 아빠랑 얘기할 때 나도 같이 끼어도 돼요?"

진서도 함께하고 싶은 마음에 엄마에게 여쭈어 봅니다.

"물론이지."

엄마가 흔쾌히 허락을 해 주셨습니다.

진형이, 진서 형제가 퇴근하시는 아빠를 기다리고 있습니다.
얼마 지나지 않아 아빠가 들어오셨습니다.
진형이와 진서는 목소리를 맞추어 인사를 합니다.
"아빠, 안녕히 다녀오셨어요?"
"오, 그래. 진형이, 진서도 오늘 하루 잘 지냈니?"
"네, 그런데 아빠께 궁금한 게 있어서 진서와 함께 기다리고 있었어요."
"오늘은 당신이 진형이에게 시간을 많이 내주어야 할 것 같아요."
하고 엄마가 거들었습니다.
　　　　"그래? 아빠도 무슨 일인지 궁금한데?"

식사를 마친 아빠는 서재에서 진형이 진서와 마주했습니다.
"그래, 진형이가 아빠한테 궁금한 게 뭐지?"
"아빠가 하시는 일이 정확히 뭐예요?"
진형이가 먼저 아빠께 여쭈어보았습니다.
"아, 그게 궁금했구나…… 아빠는 상담가야. 마음을 치유하는 상담가지."
"의사 비슷한 거예요?"

"아니, 의사하고는 달라. 병원에서처럼 약을 쓰거나 해서 치료하지 않는단다. 대화를 통해 마음이 아픈 사람들을 회복시키기 위한 전문적인 노력을 하지. 이러한 일을 상담이라고 해."

"그리고요? 상담에 대해 더 얘기해 주세요."

더 자세히 알고 싶은 마음에 진서가 아빠께 재촉해 봅니다.

곰곰이 생각하던 아빠가 대답하셨습니다.

"일반적으로 말하는 상담은 전문적인 지식에 근거해서 사람을 만나고, 의사소통을 통해 마음에 생긴 문제를 스스로 해결할 수 있도록 도움을 주는 전문적인 일이야."

"말로 어떻게 사람을 회복시켜요?"

진형이가 눈을 반짝이며 물었습니다.

"아무래도 오늘은 간단히 설명하는 걸로는 안 끝날 것 같구나. 음……. 어떻게 설명을 해 주는 게 좋을까?"

한동안 생각을 하던 아빠는 다시 말을 이으셨습니다.

"진형이는 〈미녀와 야수〉 이야기를 알고 있지?"

"네, 책으로도 여러 번 읽었어요."

"그 이야기 중 몇 가지 사건의 비유를 통해 상담 과정의 일부를 설명할 수 있을 것 같아. 아빠가 학교에서 상담을 진행하는 근간이 되는 여러 이론 중에 한 이론[1]을 그 얘기에 빗대어 설명한 적이 있거든. 진서가 가서 〈미녀와 야수〉 그림책을 가져와 볼래? 우리 책을 다시 한번 살펴보고 얘기하자."

진서는 그림책으로 된 〈미녀와 야수〉를 가지고 왔습니다. 아빠는 그 책을 펼쳐 들었습니다.

---

1. 정신역동상담이론

# 미녀와 야수

## 이야기 속으로 1

옛날 한 왕국에 왕자가 살고 있었습니다. 그런데 그 왕자는 성격이 거칠고 다른 사람들을 무시하는 버릇이 있어 주변 사람들은 늘 불만이 많았습니다. 이러한 소문은 여기저기로 퍼져 나갔습니다.

그러던 어느 날, 왕자의 소문을 들은 마녀가 모습이 추한 노파로 변장을 하고 왕자를 찾아갔습니다. 왕자의 마음을 시험해 보려는 것이었습니다. 노파는 정중하게 왕자에게 하룻밤을 묵을 수 있도록 해 줄 것을 요청했으나, 왕자는 노파의 외모만을 보고 차갑게 거절하였습니다. 이와 같은 왕자의 태도에 화가 난 노파는 본 모습인 마녀로 돌아가 왕자에게 저주를 걸며 말했습니다.

"장미 정원의 장미가 모두 시들기 전까지 냉랭한 네 모습을 사랑해 줄 진정한 사랑을 찾지 못한다면, 야수가 된 너는 본래 왕자의 모습으로 돌아가지 못할 것이다."

이 말이 떨어지자마자 왕자는 사납고 무서운 야수의 모습으로 변해 버렸고 왕궁의 모든 하인들도 왕자를 도울 수 없는 모습으로 변해 버렸습니다. 이로 인해 왕자는 더 이상 왕자의 지위를 유지할 수도 없었습니다.

곤궁에 빠진 왕자는 자신의 모습으로는 진정한 사랑을 찾기 어려울 것이라 생각하며 성으로 들어가 숨어 버렸습니다.

아빠께서는 읽으시던 책을 잠시 덮으시며 물어 보셨습니다.

"너희는 방금 읽은 이야기에서처럼 왕자가 야수의 모습이 되기 전에 고집불통이었다는 것을 알고 있었니?"

진형이가 고개를 끄덕이자 진서가 대답했습니다.

"나도 알아요, 아빠."

아빠가 말을 이으셨습니다.

"마녀가 모습이 추한 노파로 변해서 하룻밤을 묵게 해 달라며 마지막으로 왕자의 마음을 시험했는데, 왕자가 거절했지. 그러자 마녀가 왕자를 야수로 만들면서 진정한 사랑을 얻었을 때 다시 왕자로 되돌아 갈 수 있다고 말을 하고 떠났어."

"네, 그런 내용인 거 저도 읽었어요."

진형이가 대답했습니다.

"그런데 왜 이런 이야기를 하시는 거예요? 아빠가 하는 상담이라는 것과 어떤 관련이 있나요?"

진서는 점점 궁금한 게 많아졌습니다.

"왕자는 마녀와의 상호작용에서 자신의 거친 성격을 다스리지 못하고 그대로 표현했다가 왕자의 지위를 포함해 많은 것을 빼앗기는 경험을 하지. 이것은 왕자에게 깊은 상처가 되었을 거야."

"이 이야기는 어쩌면 비유적으로 자신에게 중요한 다른 사람[2]과의 상호작용에서 받은 상처[3]가 마음의 병을 일으키는 데에 영향을 준다는 것을 얘기하고 있는지도 몰라."

"좀 더 얘기해 주실래요?"

진형이가 눈을 반짝이며 말했습니다.

---

2. 주요 타자
3. 외상

"음……. 그러니까 이야기 속의 마녀를 두고, 어떤 사람에게 상처와 마음의 병을 준 사람의 비유라고 한다면, 왕자는 마음의 문제로 상담을 받을 필요성이 생긴 사람, 즉 내담자의 상징으로 볼 수 있다는 얘기야. 그리고 '왕자가 야수로 변한 것' 그 자체와 '야수가 된 왕자의 위축된 행동'은 마음의 병을 상징한다고 볼 수 있다는 거지."

라고 아빠가 설명을 했습니다.

"아빠의 설명대로라면 왕자가 야수로 변한 모습이 마음의 병을 상징한다는 말이네요."

진형이가 말을 이었습니다.

"그렇지. 마녀의 저주를 주변 사람이 준 상처로, 왕자가 야수로 변한 것을 마음의 병으로 이해하면 돼. 너희들이 상담 과정을 쉽게 이해하는 데 도움이 되도록 〈미녀와 야수〉의 이야기를 활용하는 거란다."

아빠가 계속해서 말을 했습니다.

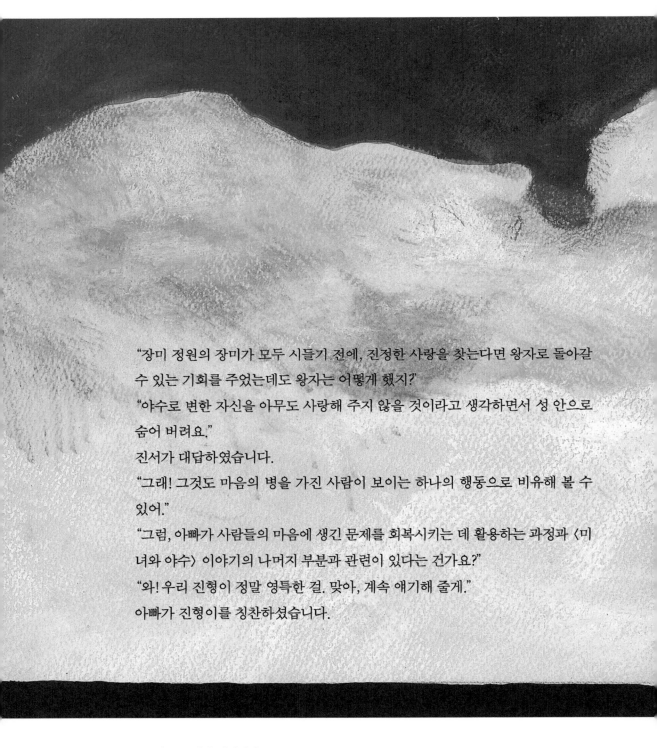

"장미 정원의 장미가 모두 시들기 전에, 진정한 사랑을 찾는다면 왕자로 돌아갈 수 있는 기회를 주었는데도 왕자는 어떻게 했지?"

"야수로 변한 자신을 아무도 사랑해 주지 않을 것이라고 생각하면서 성 안으로 숨어 버려요."

진서가 대답하였습니다.

"그래! 그것도 마음의 병을 가진 사람이 보이는 하나의 행동으로 비유해 볼 수 있어."

"그럼, 아빠가 사람들의 마음에 생긴 문제를 회복시키는 데 활용하는 과정과 〈미녀와 야수〉 이야기의 나머지 부분과 관련이 있다는 건가요?"

"와! 우리 진형이 정말 영특한 걸. 맞아, 계속 얘기해 줄게."

아빠가 진형이를 칭찬하셨습니다.

"나를 사랑해 줄 사람은 아무도 없어…"

"왕자는 마녀가 자신을 야수로 만든 상황에서 어떤 감정을 느꼈을까?"

"무섭기도 하고 화도 났을 것 같아요."

진형이가 대답했습니다.

"그래, 슬프기도 하고 상실감도 심하게 느꼈겠지. 그런 감정[4]을 잘 해결하고 적응적인 행동을 선택해서 계속할 수 있도록 도와주는 것[5]이 회복의 열쇠가 되는 거지. 그리고 노파의 청을 거절해서 저주를 받고, 그 결과로 성 안으로 숨어 버리는 동안 보였던 관계적인 그리고 내면적인 패턴[6]을 스스로 깨닫고[7] 새로운 선택을 하는 것이 중요하지."

귀를 쫑긋 세우고 있던 진서가 알쏭달쏭한 표정을 지었습니다. 이를 본 진형이가 아빠에게 질문을 했습니다.

"그러면 상담이란 자신의 내면적 패턴을 깨닫고 새로운 선택을 하도록 도와주는 건가 봐요."

"음, 그런 입장을 취하는 특정 이론이 있지. 알기 쉽게 이런 방식의 상담을 '패턴을 깨닫게 해 주는 상담'이라고 하자. 다른 입장의 이론[a]에서는 유사하지만 다른 얘기를 하기도 해."

"어떤 다른 얘기요?" 진서가 궁금해했습니다.

"또 다른 상담이론에서는, 간단히 말해서 특정 상황에서 상담을 받는 사람에게 스치고 지나갔던 생각[b]을 찾아서 그 생각을 지속적으로 바꾸어 주고 보다 합리적인 행동을 할 수 있도록 도와주는 것을 상담이라고 말해."

---

4. 핵심 감정     a. 인지행동상담
5. 훈습     b. 자동적 사고
6. 핵심 역동
7. 통찰

"생각이 문제라는 거군요?" 진서가 물었습니다.

"맞아, 진서야. 이 방법도 앞으로 얘기하기 편하게 '생각을 관리해 주는 상담'이라고 하자."

"무슨 얘긴지 알 것도 같긴 한데……. 조금 어려워요. 그런데 다음에 이어지는 이야기가 아빠가 하시는 상담이라는 일과 어떻게 관련이 있는지 점점 더 궁금해요."

진형이가 말했습니다.

"그래, 그럼 동화의 또 다른 부분도 읽어 보자."

# 미녀와 야수

## 이야기 속으로 2

어느 날, 왕자의 성 주변을 지나가던 가난한 상인이 왕자의 장미 정원에서 딸에게 주려고 장미 한 송이를 꺾었습니다. 이 사실을 알게 된 왕자는 마치 자신의 장미 정원을 모두 잃어버리기라도 한 것처럼 크게 화를 내며 상인을 다그쳤습니다.

"목숨을 잃고 싶지 않으면 당신의 딸을 나의 궁전으로 보내는 게 좋을 거야."

야수는 이렇게 말하고는 그를 놓아주었습니다.

이 모든 이야기를 전해 들은 상인의 딸 '벨'은 기꺼이 아버지를 위해 왕궁으로 가기로 결심했습니다.

〈미녀와 야수〉의 두 번째 이야기를 읽어 주시던 아빠가 다시 상담과 관련지으며 말을 이었습니다.

"벨의 아버지가 왕자의 정원에서 장미를 한 송이 꺾은 것 때문에 화를 심하게 낸 왕자의 행동은 마음의 문제를 오랫동안 안고 나름대로의 적응을 해 오던 사람이 심한 재발을 한 것과 같다고 생각해 볼 수 있어. 왕자는 야수의 모습으로 지내는 동안 심한 마음의 동요나 마녀와의 상호작용에서 드러냈던 것 같은 상처나 문제 행동을 보이지 않았어. 그런데 벨의 아버지가 장미꽃을 꺾었을 때 야수의 모습을 한 왕자는 마녀의 청을 거절할 때보다 더 극악한 반응을 보였어. 왜 그랬을 것 같니?"

"글쎄요, 장미 정원의 장미가 모두 시들기 전에 사랑을 찾아야 한다는 마녀의 말 때문이 아니었을까요? 비록 한 송이이긴 하지만 야수에게는 왕자로 돌아갈 수 있는 마지막 기회의 상징으로 보였을 것 같아요." 하고 진형이가 대답했습니다.

"빙고!" 아빠가 눈을 찡긋하며 대답했습니다.

"아빠도 그렇게 생각해. 그리고 왕자에게는 그게 더 큰 스트레스 사건[8]으로 여겨졌을 만한 이유가 있어."

"그게 뭔데요?"

"왕자는 마녀와의 상호작용에서 자신의 외모, 왕자로서의 지위, 하인 등 거의 모든 것을 빼앗겼지. 그런데다가 벨의 아버지가 장미꽃을 꺾은 행위는 야수의 것을 빼앗았다는 의미로 해석하면 마녀가 왕자에게 보인 행동과 닮은 점이 있어. 그래서 어쩌면 마녀와의 상호작용에서 느꼈던 경험과 행동 패턴을 그대로 벨의 아버지에게 가져와서 경험하면서 상호작용[9]하고 있어. 결국 마녀를 없애 버리고 싶은 마음을 벨의 아버지에게 쏟아부으며 스스로의 입장을 난처하게 만들고 말았지."

---

8. 촉발 요인　　9. 전이

"어느 부분에서요?"

"벨의 아버지, 즉 자신이 사랑을 얻어내야 하는 사람의 아버지를 죽이겠다고 협박한 부분에서. 왕자는 상인의 딸인 벨로부터 사랑을 얻어야 저주(숙제)가 풀리는 상황에 놓여 있지. 그런데 왕자는 더 어려운 상황으로 자신을 몰아가고 있다는 것도 모르는 채 험악한 행동을 했던 거야. 마녀의 시험에 차가운 반응을 보였던 왕자는 장미꽃을 꺾은 벨의 아버지에게도 차가운 반응을 보였어. 반복되는 패턴을 보인 것이지. 그런 왕자에게 왕자의 지위를 빼앗기는 경험과 장미꽃을 잃는 경험의 패턴도 반복되었지."

"잠깐요. 아빠, 근데 지금의 설명은 '패턴을 깨닫게 해 주는 과정'이라는 상담에 대한 설명인가요? '생각을 바꾸어 주는 과정'이라고 보는 상담에 대한 설명인가요?"

진서가 물었습니다.

"반복되는 패턴에 대해서 얘기하시는 걸로 봐서 먼저 얘기하신 이론에 대한 걸 거야."

진형이가 대답했습니다.

"좋은 질문에 좋은 대답이네. 맞아! 생각을 관리하는 것에 초점을 두는 상담에서라면 왕자가 지위를 빼앗기고 야수가 되었을 때 가졌을 생각, 그리고 장미꽃 한 송이를 빼앗겼을 때의 생각에 초점을 맞추겠지. 그때 스치고 지나간 생각들과 상황에 따라 조금씩 다른 양상으로 나타나는 생각 밑에 있는 핵심적인 생각[c]을 파악하려고 했을 거야."

"핵심적인 생각이라고요? 조금 어렵네요."

"그렇니? 다시 설명하면, 사람들이 자신이나 세상에 대한 일반적인 견해와 같이 그때그때 스치고 지나가는 생각에 두루 영향을 미치는 믿음을 말해."

---

c. 핵심 신념

"그렇군요. 와, 아빠! 동화책 읽을 때보다 더 재미있어요. 실제 아빠를 만나 상담을 받으러 오는 사람들도 야수로 변한 왕자가 벨의 아버지에게 했던 것처럼 몹시 화를 내는 행동을 하는 경우가 많아요?"

진형이가 물었습니다.

"그렇단다. 자신의 이야기를 하는 과정에서 상담가에게 분노를 쏟아 내는 경우도 있지."

아빠가 대답했습니다.

"그런데 결국 야수는 왕자로 돌아오잖아요?"

"그렇지. 그럼, 우리 동화책을 마저 읽어 보자."

# 미녀와 야수

왕궁으로 간 상인의 딸 '벨'은 왕자가 야수로 변한 모습에도, 자신의 아버지에게 험악하게 굴었던 행동에도 불구하고 왕자를 매우 따뜻하고 친절하게 대해 주었습니다. 이러한 벨의 모습을 보며 왕자도 조금씩 마음을 열고 벨을 사랑하는 마음을 갖게 되었지요. 그렇다고 해서 왕자의 거친 성격이 하루아침에 변하지는 않았습니다. 왕자는 벨에게 불친절하게 굴고 화를 낼 때도 많았습니다. 그러나 벨은 왕자를 한결같이 대했습니다. 한번은 자신에게 친절하게 대해 주는 벨을 의심하며 "이렇게 잘해 주는 이유가 너희 아버지를 해칠까 봐 겁이 나서 그러는 것 아니냐?" 며 다그치기도 하였습니다. 그러나 그때도 벨은 여전히 한결같은 마음으로 잘 대해 주었습니다.

야수는 그렇게 한동안을 마음 따뜻한 벨과 지냈습니다.

그러던 어느 날, 야수는 벨의 얼굴에서 짙은 근심의 빛을 발견하고 그 이유를 물었습니다. 그러자 벨은 하나뿐인 아버지의 형편이 걱정되기 때문이라고 대답했습니다. 이 말을 들은 야수는 벨에게 마법의 거울을 통해 아버지의 모습을 보여 주었습니다. 거울을 통해 아버지가 아프시다는 것을 알게 된 벨의 걱정은 더 깊어졌습니다. 이를 보다 못한 왕자는 벨에게 아버지에게 다녀오라고 했습니다. 왕자가 이전의 모습과 달리 자신에게 마음을 열고 친절한 모습을 보이게 된 것에 벨은 진심으로 기뻐하며 아버지를 만나러 갔습니다. 그러나 벨이 이 왕궁을 떠나 있는 동안 장미 정원은 점차 손상되었습니다. 왕자도 벨을 몹시 그리워하며 죽어가는 것처럼 보였습니다. 그때 마침 벨이 다시 돌아와 야수에게 사랑한다는 고백을 했습니다. 벨의 진정한 사랑은 결국 야수를 본래의 모습인 왕자로 돌아오게 하였습니다. 야수가 왕자의 모습으로 회복한 것을 본 벨은 매우 기뻐했고, 이후로 둘은 함께 행복하게 살았습니다.

"그럼 상담을 받으러 오는 사람들도 결국 왕자처럼 마음의 문제를 극복하나요?"

하고 진형이가 묻자 아빠는 고개를 끄덕였습니다.

"아, 그럼 상담이 성공한 거네요?"

진서가 물었습니다.

"그래, 그렇게 볼 수 있지. 누구의 도움으로 야수가 왕자로 돌아왔지?"

"상인의 딸 벨이요. 음……, 그럼 벨은 왕자의 상담가였다고 할 수 있을 거 같아요."

"와. 진형이 머리 좋은걸? 바로 맞췄어."

"그런데 아빠, 벨은 왕자가 무슨 생각을 하는지 대해서는 물어 보지 않았던 거 같은데요."

진서가 의아하다는 표정을 지으며 말했습니다.

"맞아. 벨이 왕자에게, '지금 무슨 생각을 하고 계세요?'와 같은 질문을 하진 않았지. 그런 점에서 굳이 구분을 하자면 벨은 패턴을 이해하고 다른 행동을 격려하면서 일관된 태도를 유지하는 방향의 상담가라고 할 수 있겠지."

"그럼 생각을 관리하는 상담가라면 어떻게 했을까요?" 진서가 물었습니다.

"좋은 질문이야. 그때그때 스치고 지나가는 생각을 더 자주 물었을 것이고 언급된 생각을 합리적인 방향으로 검토하고 수정하려고 했겠지. 그리고 핵심적인 생각을 파악하기 위해 일정한 패턴의 질문[d]을 해서 스치고 지나가는 생각과 핵심적인 생각을 연결하는 생각들,[e] 그리고 궁극적으로 핵심적인 생각 자체를 파악하려고 시도했을 거야."

"알쏭달쏭하지만 재밌어요."

"맞아! 맞아."

진서와 진형이가 차례로 말했습니다.

---

d. 수직 화살표 기법    e. 중간 신념

진형이의 궁금증은 멈추지 않았습니다.

"왕자가 야수의 모습을 했음에도 벨의 사랑을 통해 치유가 된 거라면 상담가의 사랑이 내담자를 회복시킬 수 있다는 건가요?"

"음, 비슷해. 남녀 간의 사랑과는 다르지만 한 유명한 상담가는 솔직한 마음으로 내담자의 정서를 이해하며 공감적으로 들어주면 회복이 일어난다고 했어. 비판하지 않고 수용해 준다는 뜻이지."

"어려운 말들이긴 하지만 내담자의 회복을 위해서 따뜻하게 이해하며 잘 대해 줘야 한다는 거 같아요."

"그렇지, 상인의 딸 벨과 같이 말이야. 그러고 보니 마녀와 미녀는 한 획 차이인데 왕자를 대하는 면에서는 큰 차이가 있었구나. 왕자가 야수의 모습으로 대했어도 벨은 마녀와는 달리 애정을 가지고 일관되게 대했어.[10] 이러한 태도가 치료의 중요한 요소라고 보는 견해도 있어."

"아빠, 아까는 그때그때 스친 생각에 대해 여러 질문과 검토를 통해 생각을 관리하는 것이 내담자를 회복시킨다고 하지 않았어요?"

"하하하, 진서는 생각 관리로 진행되는 상담에 더 관심이 많이 가는가 보구나. 맞아, 그런 셈이지. 하지만 생각 관리를 통한 상담에서도 상담가의 친절한 태도는 매우 중요해."

라고 아빠가 웃으시며 대답해 주셨습니다.

----

10. 버티어 주기

"그러고 보면 벨도 참 힘들었을 것 같아요. 자신의 아버지에게 몹시 험악하게 굴었던 야수의 모습을 한 왕자를 애정을 가지고 대한다는 게 말이에요."

진형이가 말했습니다.

"그래, 아마 왕자한테 화를 내고 싶었을 수도 있어. 만약 벨도 과거에 위협을 받거나 상처 받은 경험이 있고, 그것이 잘 해결되지 않은 채로 있었다면 상담가의 역할을 하듯 애정을 가지고 대해 주지 못하고 화를 내거나 심하게 대하고 싶은 마음[11]이 들었을 수도 있어. 그 마음을 이겨 내고 버티어 주고 애정을 표현한 것이 결국 야수로 변한 왕자를 회복시킨 거지."

"상처를 안고 상담을 받으러 온 사람을 애정을 가지고 대해 주고, 상담가가 마치 자신에게 상처를 준 사람인 것처럼 대할 때에도 견뎌 주는 것이 회복을 가져온다는 말인 것 같아요."

"우리 진형이가 상담가가 다 되었구나."

아빠는 진형이가 잘 이해한 것 같아 흡족한 모습으로 말하였습니다.

"아빠! 생각을 물어서 관리한다는 상담 얘기도 더 해 주세요."

아빠가 형을 칭찬하는 것이 부러웠는지 이번에는 진서가 말했습니다.

"그럴까? 그 상담에서는 잠깐 잠깐 스치고 지나가는 생각과 핵심적인 생각들을 파악해서 그 사람의 생각의 틀[f]을 파악하려고 시도해. 그리고 그 틀을 재구조화하는 방향을 검토하고 재구조화를 도울 수 있는 '생각 바꾸기'와 같은 숙제[g]를 내주기도 하지."

"숙제도 있어요?" 진서가 물었습니다.

"응, 자기 스스로를 돕는 힘을 강화하기 위해 내주는 거야. 그리고 최근에는 언어적인 생각뿐 아니라 머릿속에 떠오른 장면 같은 이미지를 변화시키는 작업[h]을 하기도 해. 그렇게 해서 나를 괴롭히던 이미지를 도움이 되는 이미지로 바꾸어

---

11. 역전이     f. 인지 도식     g. 과제     h. 심상 재각본

그 효과를 경험하는 작업을 하는 거지. 언어적 생각이나 이미지로 떠오른 생각이 사람들을 괴롭힐 경우 그걸 도움이 되는 생각으로 바꾸어 주는 거야."

"일부 상담가들은 생각을 관리해 주어서 마음의 회복을 도와주는 일을 한다는 거군요. 이제 아빠가 하는 일을 알 것 같아요. 쉬운 일은 아닌 것 같네요. 근데 왜 아빠는 이런 일을 해요?"
"사람들의 회복을 지켜보는 것에서 보람을 얻기 때문이지."
"야수가 왕자로 회복되는 모습을 본 벨이 기뻐했던 것처럼요?"
"그렇지! 진형아, 이제 답이 되었지?"
"네, 아빠."
진형이는 흐뭇한 얼굴로 아빠에게 대답을 했습니다.
"저도 좀 어려웠지만 재미있었어요."
진서도 대답했습니다.
"진형아, 진서야. 그럼 아빠의 도움을 받아서 마음속에 혹시 있을 지도 모를 숙제[12]를 조금 풀어 보는 시간을 가질까?"
"마음의 숙제요? 그게 뭔데요?"
두 형제가 입을 모아서 물었습니다.
"음, 혹시 아빠가 진형이나 진서에게 상처를 주었는데 얘기하지 못한 적이 있니? 그런 게 있다면 함께 얘기해 보는 시간을 가지면 좋을 것 같아. 아빠가 알게 모르게 진형이나 진서를 마녀처럼 대하며 힘들게 한 게 있는지 얘기를 나눠 보자."
아빠는 진형이와 진서를 진지한 눈으로 바라보면서 몇 가지 글이 적힌 종이를 꺼내 들었습니다.

--------------------------------------------------------------------------

12. 미해결 과제

부모-자녀
관계 회복
활동지

# 1. 자녀의 말 경청하기

"자, 그동안 아빠와 엄마에게 섭섭했지만 얘기하지 못했던 것을 적어 볼래?"

"그럼 앞으로 그런 상황에서 아빠와 엄마가 어떻게 해 주었으면 좋겠는지 적어 줄래?"

## 2. 자녀에게 해 주고 싶은 말 적어 보기

"아빠와 엄마는 네가 서운했던 그때의 상황에 대해 말해 주고 싶은 것, 사과하고 싶은 것 등을 적어 볼게. 서로 바꾸어 읽어 보자."

*평소에 하던 잔소리와 지켜져야만 하는 규칙이 아닌, 미안한 마음, 사랑하는 마음, 고마운 마음 위주로 적어 봅니다.

위의 내용에서 자녀가 미흡하게 작성했더라도 자녀의 요구 사항 기저의 마음을 읽고, 그러한 요구를 수용하기 어려운 이유를 적어 봅니다.

## 3. 과거의 유산 정리하기

부모님에 대해서 잠시 생각해 봅니다.

나의 아버지는

나의 어머니는

다음에는 부모님의 모습을 보면서 자녀에게 해 주고 싶었던 것, 또는 자녀에게만은 하고 싶지 않았던 것을 적어봅니다. 그래서 나는 ○○에게

게 해 주고 싶었단다.

이제는 이런 다짐보다 더 중요한 너의 의견을 존중할게.

〈미녀와 야수〉와
상담의
관계 해설

정신역동상담에서는 내담자의 초기 경험, 즉 부모나 주양육자와 같은 중요한 타인 혹은 주요 타자와의 상호작용 양상에 관심을 가집니다. 이 상호작용에서 학대나 외상을 경험하게 되면, 이것이 나중에 재경험되면서 여러 가지 병리적 증상을 나타낸다고 보는 것이죠. 임상심리학적으로 외상은 죽음에 이를 수 있는 위협이나 상해에 노출되거나, 자신이 잘 아는 사람이 이러한 경험을 하게 되었다는 것을 알게 되는 것을 포함하는 경험입니다. 또, 좀 더 넓게는 심리적으로 심한 충격을 줄 수 있는 사건을 통칭합니다. 이러한 경험을 하게 되면 핵심 감정이라는 것이 생기게 됩니다. 예를 들면 야수로 변한 왕자는 자신의 행동의 대가로 왕자의 지위를 빼앗겼다는 점에서 상실에 대한 두려움 같은 감정을 가지게 될 수 있고, 이 경험의 상처가 너무 크기 때문에 사소한 상실 경험에도 심한 어려움을 경험할 수 있다고 봅니다. 자라 보고 놀란 가슴 솥뚜껑 보고 놀라는 격이죠. 만일 이러한 경험을 잘 해결하여 겪어 내고 다른 대응 방식을 발견해서 자신의 행동 목록에 포함시켰다면 왕자는 벨의 아버지를 만난 사건을 기회로 잘 활용하여 '왕자답게' 반응할 수도 있었을 것입니다. 자신의 문제에 대한 훈습이 잘 되었다면 왕자는 벨의 아버지에게 딸을 소개시켜 달라고 정중하게 요청하고 장미 정원을 관리하는 일을 맡길 수도 있는 등 여러 가지 유연한 반응을 보이며 장래의 '장인

어른'이 될 사람에게 점수를 딸 수도 있었을 것입니다. 그러나 왕자의 핵심 역동은 나에게 무언가 요청을 하거나 나에게서 무언가를 빼앗은 사람에게 상실에 대한 두려움으로 강한 분노를 보이면서 심한 행동을 보이는 패턴이었습니다. 그래서 그는 야수처럼 분노하며 딸을 데려오지 않으면 죽이겠다는 협박을 하죠. 사실 상담가처럼 자신을 대해 주는 그 한 사람—이야기 속의 미녀 벨과 같은—을 만나지 못한 야수에겐 당연한 일이었는지도 모르겠습니다.

그런데 왕자가 마녀와 벨의 아버지에게 보였던 행동은 자신의 문제에 대한 인식 없이 일어난 전이 현상에 근거한 것으로 볼 수 있습니다. 자신이 무언가를 잃었을 때 그 사건에 준하는 수준의 합리적인 반응을 보이지 못하고 왕자의 지위를 빼앗겼을 때처럼 분노하고 반응한다는 것을 인식하는 것, 즉 자신의 문제를 '통찰'하는 것을 정신역동상담에서는 회복의 첫걸음으로 봅니다. 이러한 통찰이 있었다면 야수는 장미 한 송이를 잃었을 때 느껴지는 분노가 부적절한 것임을 알고 왕자다운 유연한 반응을 보였을 것입니다. 그렇게 되었다면 마녀를 만나 왕자의 지위를 빼앗긴 것으로 시작된 문제에 장미 한 송이를 빼앗긴 것이 촉발 요인이 되어 극악한 반응을 보이는 것은 막을 수 있었을지도 모릅니다. 그러나 왕자는 그런 회복이 일어나게 할 만한 경험을 갖지 못했고, 전이로 인해 벨의 아버지에게 마녀와의 경험을 재현하는 듯한 상호작용을 하게 됩니다.

그러던 야수가 벨을 만나면서 왕자로 회복되는 극적인 경험을 하게 됩니다. 회복에 영향을 끼친 벨의 태도를 통해 우리는 여러 가지 정신역동상담의 치료적 요인 중의 하나를 살펴볼 수 있습니다. 벨은 야수가 왕자답게 자신을 대해 주지 못할 때에도 일관되게 안정적인 모습으로 야수를 대합니다. 그리고 장미 정원이 시들어갈 무렵, 자신이 떠난 후 야수가 죽어가는 것을 알고 지체 없이 야수에게로 돌아갑니다. 자신이 왕자를 야수로 만든 마녀가 아님에도 불구하고 자신을 마녀와 상호작용하듯이 대하는 야수를 보는 것은 힘든 일입니다. 어쩌면 부당하게 느껴질 수 있는 일이기도 합니다. 그와 마찬가지로 문제의 원인을 제공하지 않은 상담가를 향해 내담자가 전이로 인한 분노를 쏟아 내거나 할 때에는 이것을 안정적으로 다루어 주는 것이 쉬운 일만은 아닙니다. 부당하고 억울하게 느껴질 수도 있는 것이죠. 그런데 이러한 문제를 잘 해결하기 위한 오랜 수련과 분석으로 내담자의 부정적인 전이를 감내하며 안정적인 태도로 소화시켜 돌려 주는 것을 '버티어 주기(holding)'이라고 합니다. 이야기상에서 야수가 왕자로 회복된 이유는 진정한 사랑을 얻었기 때문이기도 하지만, 상담학적으로는 미녀 벨의 '버티어 주기'가 회복의 요인이라고도 볼 수 있는 것입니다. 그런데 바로 이런 벨의 모습을 통해 하나 더 유추해 볼 수 있는 것이 있습니다. 그것은 벨은 아버지와 벨의 관계가 좋았을 것이라는 것입니다. 여성의 남자를 대하는 태도는—그 반대도 마찬가지이지만—딸이 아버지와 상호작용해 온 경험에 영향을 받는 경우가 많습니다. 벨은 아버지와의 부정적 관계 패턴을 야수에게로 가져와 부정적인 상호작용을 하는 전이를 보이지 않았기 때문입니다. 우리의 은유 패러다임에서 벨이 상담가의 역할을 한다는 점에서 보자면 벨이 역전이를 일으키지 않고 버티어 주기를 잘 한 것이 회복의 관건이었다라고 생각해 볼 수 있겠습니다.

마지막으로 한 가지 개념을 더 설명하겠습니다. 왕자가 야수처럼 행동한 데에는 마녀와의 상호작용에서 왕자의 지위를 잃어버렸을 때 생긴 분노가 잘 해결되지 않고 미해결 과제로 남았기 때문입니다. 즉, 미해결 과제로 인해 유연한 행동이 특정 상황에서 제한을 받았다는 것이지요.

여기까지 쓰고 나니 은유를 활용하여 정신역동적인 몇몇 핵심 개념들을 이해하는 데에 도움을 주는 글은 쓴 것 같습니다. 그런데 이것이 어떻게 상담 과정에서의 갈등을 미리 예측하고 불필요한 조기 종결을 막을 수 있는 역할을 할 수 있는지, 또 부모 교육과도 관련이 된다고 말하는지에 대해서는 조금 더 설명할 필요성을 느낍니다. 앞서 설명했던 '미해결 과제'와 '전이'로 인해 내담자는 어린 시절에 충족되지 않은 욕구와 감정의 해소를 상담가가 온전히 해결해 주기를 원하는 경우가 있습니다. 그러나 회복의 초점은 어린 시절 받지 못한 관심이나 해결되지 않은 욕구를 그 시절의 부모가 해 주듯 온전히 충족받는 것에 있지 않습니다. 이것은 내담자의 친부모가 아닌 상담가의 입장이나 내담자의 연령을 고려했을 때에도 잘 알 수 있는 일입니다. 그래서 상담가는 내담자의 해결되지 않은 욕구를 마냥 채워 주는 것이 아니라 내담자의 상태에 따라 적절히 채워 주고, 어느 정도는 또 좌절 시키게 됩니다. 그리고 여러 가지 방법으로 책임 있는 다른 선택, 즉 훈습을 요청 하게 되는 것이지요. 다시 말해 회복의 초점은 결핍된 것을 받아서 채우는 것에 있다기보다는 자신의 상태를 알고 새로운 책임감 있는 선택을 하는 힘을 기르는 것에 있는 것입니다. 바로 이러한 것을 알게 되는 지점에서 상당한 갈등이 따르게 됩니다. 예를 들어 상담가는 내담자를 마냥 칭찬만 해 주는 좋은 부모의 역할만을 해 줄 수는 없는데, 그것은 지나치게 상담가에게 의존할 수 있게 되고 실제의 사회적 상호작용을 반영하지 못하여 스스로 살아갈 힘을 약화시킬 수도 있기 때문 입니다. 어느 정도는 칭찬을 해 주지만 칭찬이 없어도 스스로 힘을 내며 나아가기 를 요청받는 그 지점에서 내담자는 '원하는 것은 주지 않고 야단만 친다.'는 느낌 을 받는 경우가 많이 있습니다. 더욱이 책을 통해 자기 분석을 하는 경우는 다소 더 위험할 수도 있습니다. 책을 읽고 자기 분석을 통해 '내게 필요한 것과 해결되 지 않은 감정을 알았는데, 그래서 어떻게 해야 하는 거지?'하는 답 없는 질문에 봉착하면서 어려움에 빠지고 해결되지 않은 감정만 증폭될 수도 있는 것입니다. 그래서 분석은 전문가와 함께 진행하는 것이 좋은 것입니다. 이러한 지점을 통과 하며 답을 얻으면 상담은 좋은 성과를 낼 수 있습니다.

마지막으로 〈미녀와 야수〉이야기와 부모 교육과의 관계를 설명하고 글을 맺 으려고 합니다. 원전의 이야기에서 마녀는 왕자의 좋지 않은 성격에 대한 소문을 듣고 그를 시험하러 가는 것으로 나옵니다. 사실 그 테스트에서 노파로 변한 마녀 를 홀대하는 것이 문제의 시작이었습니다. 그러나 그 거친 성격은 마녀의 탓은 아 니었습니다. 그러면 왕자의 이런 태도는 누구와의 상호작용에서 생긴 것일까요? 그것은 아마도 '부모'였을 것입니다. 아니 어쩌면 하룻밤 잠을 재워 주지 않았다고 저주를 거는 마녀의 태도와 항상 애정이 없고 악담을 하던 왕자의 성격이 비슷하다는 점을 생각해 보면 마녀는 바로 학대적인 어머니의 원형이었는지도 모릅니다. 이러한 점에서 마녀의 모습은 우리 동화 속에서처럼 마귀할멈처럼 묘사될 필요는 없었을지도 모릅니다. 오히려 물을 엎지른 아이에게 호통치는 평범한 어머니, 혹은 아버지가 바로 동화 속의 마녀와 같을지도 모릅니다. 이 동화는 어쩌면 부모의 태도와 말 한마디가 우리의 사랑하는 자녀를 야수처럼 만들어 버릴 수도 있다는 묵직한 주제를 던지고 있는지도 모릅니다. 그러한 문제들을 이 책의 워크시트 작업을 통해 확인하면서 해결해 가시기 바랍니다. 그리고 문제가 발견되었다면 회복을 위한 노력이 있어야 할 것입니다. 전문가의 도움이 필요할 수도 있습니다. 해결의 실마리는 벨의 태도에 있습니다. 부모님이 벨과 같은 태도를 견지하게 된다면 회복이 일어날 것입니다. 이 책을 읽으며 어떤 분은 항변할지도 모르겠습니다. "나는 당신이 해설에서 설명한 대로 벨처럼 좋은 부모 관계를 경험하지 못 했어!" 하며 말입니다. 그렇다면 당신은 야수가 걸었던 회복의 길을 먼저 걸은 후에야 자녀를 회복할 수 있는 벨과 같은 지위를 찾을 수 있을지도 모릅니다. 먼저 당신이 변해야 할 수도 있는 것이죠. 상담가가 필요할 수도 있고 벨처럼 치유적인 배우자나 친구가 필요할 수도 있습니다. 그러나 이에 대한 자세한 과정은 또 다른 이야기이고 또 다른 기회에 다루어져야 합니다.

이와 비교해서 인지행동 상담에서는 내담자와의 관계를 중요하게 여기는 점은 같지만 행동패턴을 통찰시키고 훈습하는 것으로가 아니라 내담자의 생각을 파악하고 수정하는 과정을 통해 회복이 일어난다고 봅니다. 원하지 않는 감정 경험을 하게 된 상황에서 스치고 지나간 자동적 사고를 파악하고 이러한 생각을 반복적으로 검토하고 수정해 나가면 회복이 일어나는 것으로 봅니다. 이러한 과정을 더 극대화하기 위해 수직 화살표 기법과 같은 방법으로 자동적 사고 근저의 중간 믿음과 핵심 신념을 파악하여 수정하는 인지 도식의 재구조화를 시도하기도 합니다. 또한 인지행동상담에서는 내담자 스스로가 자기 치유자가 되는 것을 강조하기 때문에 스스로의 생각을 관리하는 일지 작성을 숙제로 내주기도 합니다. 이처럼 개념상으로 많이 대비가 되는 두 이론이지만 공유하는 부분이 많은 것도 사실입니다. 앞서 언급했듯이 내담자–상담가–관계를 중요하게 여기는 것도 공통점입니다. 한편, 인지행동상담에서는 핵심 신념의 파악과 수정을 일부 역동상담의 핵심 감정의 파악으로 변화를 추구하는데, 핵심 신념을 파악하는 방법으로 수직 화살표 기법과 같은 인지행동상담에 고유한 방법만을 쓰기도 하지만 역동상담에서 훨씬 더 강조하는 과거 경험을 탐색하는 과정을 거치기도 합니다. 내담자가 과거에 살아온 경험을 고려했을 때 '세상이나 자신에 대해서 일관되게 어떠한 믿음을 가지게 되었을까?' 하는 질문을 고려해 보는 것이죠. 이처럼 두 이론은 대비되는 많은 점을 가지고 있는 것이 사실이면서도 공유하는 부분도 상당 부분 있다 하겠습니다. 다음에 이어지는 '용어 해설 길라잡이'에서 이 글에서 사용된 두 이론과 관련된 개념들을 요약하였습니다. 함께 보며 글을 마치겠습니다.

용어해설
길라잡이

# 정신역동상담이론

1. 한 이론: 정신역동상담이론

2. 주요 타자: 한 사람의 일생, 특히 어린 시절에 많은 영향을 준 주요한 인물

3. 외상: 심각한 정신적 충격을 받아, 이후에 마음의 병을 유발할 수 있는 경험

4. 핵심 감정: 내담자의 문제의 기원이 되었던 상황에서 내담자가 경험했던 감정으로, 후에 이와 정확하게 일치하지 않는 상황에서도 경험되어 비슷한 대응을 하게 만드는 감정

5. 훈습: 내담자가 상담을 통해 새롭게 얻은 관점에 따라 선택한 적응적 행동을 연습해 나가는 과정

6. 핵심 역동: 내담자의 문제의 기원이 되었던 상황에서 내담자가 가지게 되었던 심리 내적 혹은 대인 관계적 양상

7. 통찰: 내담자가 자신의 문제의 기원의 근저에 있는 핵심 감정이나 역동을 이해하는 것

8. 촉발 요인: 내담자에게 마음의 병이 발생하게 된 직접적인 원인이 되는 스트레스 사건

9. 전이: 초기 주요 타자와의 관계 및 심리 내적 대응 패턴을 상담가나 다른 사람에게 똑같이 적용하게 되는 현상

10. 버티어 주기: 내담자가 불편한 감정을 불러일으키는 전이를 나타낼 때에도 상담가가 공격적이지 않으면서 일관되게 경험을 통찰할 수 있는 환경을 제공해 주는 것

11. 역전이: 내담자가 아닌 상담가가 과거의 주요 타자와의 경험에서 가졌던 관계 및 심리 내적 패턴을 내담자와의 관계에서 경험하는 것

12. 미해결 과제: 해결되지 않은 정서나 욕구 등 마음의 숙제로 남은 것들을 지칭

# 인지행동상담이론

a. 다른 입장의 이론: 인지행동상담이론

b. 자동적 사고: 특정 상황에서 감정과 행동에 영향을 주는 생각

c. 핵심적인 생각: 핵심 신념, 여러 상황에 따라 다양하게 나타나는 자동적 사고에 영향을 미치는 기저의 믿음

d. 일정한 패턴의 질문: 수직 화살표 기법, 자동적 사고를 파악 후 자동적 사고에 대해 '그 생각이 사실이라면 그 생각은 어떤 의미인가?'와 같은 질문을 통해 핵심 신념을 파악하고자 하는 기법

e. 스치고 지나가는 생각과 핵심적인 생각을 연결하는 생각: 중간 신념, 핵심 신념과 자동적 사고를 매개하는 중간 단계의 신념

f. 생각의 틀: 인지 도식, 한 사람의 생각들로 이루어진 도식 체계

g. 숙제: 과제, 인지행동상담의 효과를 증진시키기 위해 스스로 할 수 있도록 내어 주는 기분일지나 특정 행동 등의 숙제

h. 이미지를 변화시키는 작업: 심상 재각본, 외상이나 스트레스가 되었던 사건의 이미지를 자원을 가진 상태에서 수정하여 그 영향을 줄이려고 시도되는 기법

# 참고
# 문헌

1. 미녀와 야수

2. Gabbard, G. O. (2004). *Long-Term Psychodynamic Psychotherapy*. 노경선, 김창기 공역(2007) 장기 역동정신치료의 이해. 서울: 학지사.

3. Burns, D. D. (1993). *Ten Days To Self-esteem*. 김기정 외 공역(2000) 자신감에 이르는 10단계. 서울: 학지사.

# 지은이

## 박재우

한국상담대학원대학교 조교수
상담학아카데미 원장
상담센터 부센터장
임상심리전문가/정신보건임상심리사 1급/인지행동치료 전문가

주요 저서 및 연구 논문

『말씀 묵상과 마음의 치유』(눈출판그룹, 2015)

「직무스트레스, 자존감, 완벽주의가 직장인의 불안과 신체화 증상에 미치는 영향」
(박재우 외, 한국심리학회지: 임상, 2001)

「알쯔하이머형 치매 고위험군과 저위험군에서의 암묵 기억의 해리 현상」(박재우 외,
한국심리학회지: 임상, 2001)

「한국판 니코틴 의존 증후군 척도의 표준화와 금연 예측인자로서의 유용성」(박재우
외, 신경정신의학, 2007)

「Validation of Kim's Smoking Cessation Motivation Scale」(박재우 외, Psychiatry
Investigation, 2009)

「Standardization Study of Internet Addiction Improvement Motivation Scale」(박
재우 외, Psychiatry Investigation, 2012)

「Validation of the Bipolar Disorder Etiology Scale Based on Psychological
Behaviorism Theory and Factors Related to the Onset of Bipolar Disorder」(박재
우 외, PLOS One, 2014)

「알파맘-베타맘 양육태도가 자녀의 문제행동에 미치는 영향-자녀 자존감의 매개
효과 분석」(교육치료 연구, 2015)

# 그린 이

## 유재인

이화여자대학교 미술대학 졸업
한국상담대학원대학교 부부가족상담 석사
상담사 및 미술치료사

# 동화로 풀어낸 심리상담

2016년 11월 15일 1판 1쇄 발행
2021년 4월 20일 1판 2쇄 발행

지은이 • 박 재 우
펴낸이 • 김 진 환
펴낸곳 • (주) **학지사**
　　　　04031 서울특별시 마포구 양화로 15길 20 마인드월드빌딩 5층
대표전화 • 02) 330-5114　　　팩스 • 02) 324-2345
등록번호 • 제313-2006-000265호
홈페이지 • http://www.hakjisa.co.kr
페이스북 • https://www.facebook.com/hakjisabook

ISBN 978-89-997-1104-6 03180

정가 **8,000**원

이 도서의 국립중앙도서관 출판시도서목록(CIP)은 서지정보유통지원시스템
홈페이지(http://seoji.nl.go.kr)와 국가자료공동목록시스템(http://www.nl.go.kr/kolisnet)
에서 이용하실 수 있습니다.
(CIP제어번호: CIP2016030354)

출판 · 교육 · 미디어기업 **학지사**

간호보건의학출판 **학지사메디컬** www.hakjisamd.co.kr
심리검사연구소 **인싸이트** www.inpsyt.co.kr
학술논문서비스 **뉴논문** www.newnonmun.com
원격교육연수원 **카운피아** www.counpia.com